Sensibilización en igualdad de género

avanza editorial

Editado por:
EDITORIAL FAE, S.L.U.
Correo electrónico: editorial@editorialfae.com

Sensibilización en igualdad de género
Avanza Editorial

1ª Edición

Se ha puesto el máximo empeño en ofrecer a la persona lectora una información completa y precisa. Sin embargo, Editorial FAE, S.L.U. no asume ninguna responsabilidad derivada de su uso ni tampoco de cualquier violación de patentes ni otros derechos de terceras partes que pudieran ocurrir. Esta publicación tiene por objeto proporcionar unos conocimientos precisos y acreditados sobre el tema tratado. Su venta no supone para el editor ninguna forma de asistencia legal, administrativa o de ningún otro tipo.

ISBN: 978-84-1135-358-8

Impreso en España

Índice

Módulo 1. Sensibilización en igualdad de género

Módulo 1. Sensibilización en igualdad de género

Introducción

Esta acción formativa tiene como finalidad ofrecer una visión amplia, rigurosa y actualizada sobre la igualdad de género, su evolución histórica, su marco normativo y su aplicación práctica, especialmente en el ámbito laboral y empresarial. A lo largo del contenido, el alumnado comprenderá la importancia de integrar la perspectiva de género en todos los niveles de la sociedad, identificando los elementos que generan desigualdad y aprendiendo estrategias y herramientas para combatirla de forma eficaz.

Se profundizará en los conceptos fundamentales, en los derechos reconocidos por la legislación vigente y en los distintos enfoques que se aplican hoy en día en materia de igualdad. Asimismo, se abordará el desarrollo y puesta en marcha de políticas y planes de igualdad, incluidos los planes obligatorios en empresas, y analizará conceptos clave como las acciones positivas o el mainstreaming de género.

Por último, se exponen los ámbitos de actuación esenciales como la igualdad en la autonomía económica, la conciliación de la vida laboral, personal y familiar, la comunicación inclusiva y la prevención y erradicación de la violencia de género. Con ello, el alumnado obtendrá conocimientos teóricos y prácticos que le permitirán entender la igualdad desde una perspectiva integral y será capaz de identificar, diseñar o participar en actuaciones de mejora en su entorno profesional y social.

Objetivos

- Acercar al concepto de igualdad de género, su evolución a lo largo de la historia y el marco legal que lo aborda.
- Desarrollar y promover políticas que fomenten la igualdad de género, abordando aspectos como la conciliación, la igualdad salarial y la comunicación inclusiva.
- Tomar conciencia sobre el problema social de la violencia de género y conocer las políticas institucionales, programas, medidas preventivas y correctoras a aplicar para su erradicación.

1. Introducción a la igualdad de género

La igualdad de género es uno de los principios básicos de la convivencia democrática y un objetivo prioritario tanto a nivel nacional como internacional. Se considera un derecho humano fundamental: todas las personas, independientemente de si son hombres o mujeres (o de cualquier otra identidad de género), deben contar con las mismas oportunidades, derechos, libertades y condiciones para desarrollarse plenamente en la sociedad.

Cuando hablamos de igualdad de género no solo nos referimos a tener las mismas leyes para todas las personas, sino también a eliminar las barreras sociales, culturales, económicas y simbólicas que han generado desigualdades históricas entre géneros. Estas desigualdades se ven reflejadas en aspectos como el empleo, la educación, los salarios, el reparto de tareas domésticas y de cuidados, el acceso a puestos de responsabilidad, la participación política y la representación social en los medios de comunicación.

A lo largo de la historia, las sociedades han construido estereotipos de género, es decir, ideas preconcebidas sobre cómo "debe ser" un hombre o una mujer. Estas creencias han limitado tradicionalmente a las mujeres a roles secundarios o centrados en el ámbito privado (cuidado de la familia y tareas del hogar), mientras que los hombres han ocupado mayoritariamente espacios de poder, decisión y reconocimiento social.

La igualdad de género busca precisamente superar esos estereotipos y promover cambios profundos y sostenibles.

Para ello, se requiere:

- **Educación en igualdad.** Trabajar desde edades tempranas para desmontar creencias discriminatorias.
- **Legislación específica.** Aprobar leyes que garanticen igualdad real y que protejan a las víctimas de discriminación o violencia.
- **Políticas públicas activas.** Promover medidas que favorezcan el acceso equitativo al trabajo, a la formación, a puestos de responsabilidad, etc.

- **Toma de conciencia social.** Comprender que la igualdad beneficia a todas las personas, no solo a las mujeres.

A lo largo de los últimos siglos —y especialmente en las últimas décadas— se han producido grandes avances gracias a la lucha feminista y a los movimientos sociales por los derechos de las mujeres. Sin embargo, todavía existen diversas formas de desigualdad y violencia que evidencian que la igualdad de género es un objetivo en construcción, no totalmente alcanzado.

En España, además, la igualdad de género se considera un principio recogido en la Constitución de 1978, y se ha ido reforzando a través de leyes, reformas y políticas públicas como la Ley Orgánica 1/2004 contra la Violencia de Género o la Ley Orgánica 3/2007 para la igualdad efectiva entre mujeres y hombres.

Por todo ello, entender qué es la igualdad de género, cuál ha sido su evolución histórica y qué retos siguen vigentes, no solo es un ejercicio académico. Es una herramienta necesaria para comprender el funcionamiento de nuestra sociedad actual y para contribuir al desarrollo de una ciudadanía crítica, responsable y comprometida con la justicia social.

En el siguiente epígrafe profundizaremos en los conceptos fundamentales relacionados con la igualdad de género y en su desarrollo a lo largo de la historia hasta nuestros días.

1.1. Conceptos básicos de igualdad de género. Historia y evolución de los derechos de género

La igualdad de género es un principio fundamental en nuestra sociedad, que aboga por el reconocimiento de que hombres y mujeres deben tener los mismos derechos y oportunidades en todos los aspectos de la vida. Este concepto trasciende la mera idea de igualdad física o biológica, incidiendo más bien en el valor igualitario de las capacidades, experiencias y conocimientos de ambos géneros.

La igualdad de género no implica que hombres y mujeres sean idénticos, sino que sus diferencias no deben ser un motivo para otorgar derechos u oportunidades desiguales. Es una lucha constante contra los prejuicios y estereotipos que han limitado históricamente el desarrollo de ambos sexos en distintos ámbitos.

Fig. 1. La igualdad de género es un tema complejo y en constante evolución que sigue siendo central para el desarrollo de sociedades más justas y equitativas

En el ámbito legal, existen normativas específicas que buscan garantizar esta igualdad de género. Un ejemplo destacado en España es la Ley Orgánica 3/2007, de 22 de marzo, para la igualdad efectiva de hombres y mujeres. Esta ley es un hito en la lucha por la igualdad de género, ya que establece un marco legal para garantizar que hombres y mujeres reciban el mismo trato y oportunidades, especialmente en el ámbito laboral y social.

Otro aspecto clave en la conversación sobre la igualdad de género es la violencia de género. Esta se refiere a los actos de violencia y agresiones que se perpetran en función del género de una persona. Es una problemática grave y extendida que afecta principalmente a las mujeres y niñas en todo el mundo. La violencia de género incluye una amplia gama de actos, desde la violencia física y sexual hasta el abuso emocional y psicológico, y representa una de las violaciones más flagrantes de los derechos humanos.

La representación de los géneros en los medios de comunicación y la publicidad también juega un papel fundamental en la construcción de una sociedad igualitaria. La publicidad institucional y la imagen pública no sexista se esfuerzan por ofrecer una representación equitativa y libre de estereotipos de hombres y mujeres. Esto es fundamental, ya que los medios de comunicación tienen un poderoso impacto en la forma en que percibimos el mundo y en la construcción de normas sociales.

Además, la acción positiva se refiere a medidas específicas dirigidas a las mujeres para corregir desequilibrios históricos en su contra. Estas medidas pueden incluir políticas de contratación, programas de mentoría y capacitación, y otras iniciativas destinadas a apoyar a las mujeres en áreas donde tradicionalmente han sido subrepresentadas o desfavorecidas.

Fig. 2. La conciliación laboral y familiar es esencial para equilibrar el trabajo con las responsabilidades personales

El acoso sexual y por razón de sexo son otras formas de discriminación de género que todavía prevalecen en muchos entornos, especialmente en el lugar de trabajo. El acoso sexual incluye cualquier comportamiento de naturaleza sexual, ya sea verbal o físico, que sea no deseado y que viole la dignidad de la persona. El acoso por razón de sexo, por otro lado, se refiere a comportamientos basados en el género que buscan degradar o crear un entorno hostil.

La brecha salarial de género es un indicador clave de la desigualdad de género. Refleja la diferencia en los ingresos entre hombres y mujeres, que a menudo se debe a una variedad de factores estructurales, como la segregación ocupacional, las diferencias en las horas de trabajo y las interrupciones en la carrera profesional, muchas veces relacionadas con la maternidad.

La conciliación de la vida personal, familiar y laboral es otro aspecto fundamental de la igualdad de género. Se refiere a la capacidad de equilibrar el trabajo remunerado con las responsabilidades familiares y el tiempo personal. Esta conciliación es esencial para permitir que tanto hombres como mujeres participen plenamente en todos los aspectos de la vida.

Además, la corresponsabilidad implica una distribución equitativa de las responsabilidades familiares y domésticas entre hombres y mujeres. La idea es que la carga de la gestión del hogar y el cuidado de los hijos no recaiga únicamente en las mujeres, sino que sea compartida por ambos géneros, promoviendo así una verdadera igualdad en todos los aspectos de la vida.

Aspecto	Descripción
Definición de igualdad de género	Reconocimiento de que hombres y mujeres deben tener los mismos derechos y oportunidades, valorando por igual sus capacidades, experiencias y conocimientos.
Normativa legal	Existen leyes específicas, como la Ley Orgánica 3/2007 en España, que buscan garantizar la igualdad efectiva de hombres y mujeres.
Violencia de Género	Actos de violencia y agresiones basados en el género, que afectan principalmente a mujeres y niñas, incluyendo violencia física, sexual, emocional y psicológica.
Representación en medios y publicidad	Esforzarse por una representación equitativa y no estereotipada de ambos géneros en los medios de comunicación y la publicidad.
Acción positiva	Medidas específicas en favor de las mujeres para corregir situaciones de desigualdad histórica, incluyendo políticas de contratación y programas de capacitación.
Acoso sexual y por razón de sexo	Comportamientos no deseados de naturaleza sexual o basados en el género que atentan contra la dignidad de una persona.
Brecha salarial de género	Diferencia en los ingresos entre hombres y mujeres, influenciada por factores como la segregación ocupacional y diferencias en las horas de trabajo.
Conciliación de la vida personal, familiar y laboral	Capacidad de equilibrar el trabajo remunerado con las responsabilidades familiares y personales, permitiendo la participación plena en todos los aspectos de la vida.

Seguidamente, puedes ver más aspectos que componen los principales aspectos de la igualdad de género:

Aspecto	Descripción
Corresponsabilidad	Distribución equitativa de las responsabilidades familiares y domésticas entre hombres y mujeres, promoviendo la igualdad en todos los aspectos de la vida.
Techo de cristal	Este término se refiere a las barreras invisibles pero reales que impiden que las mujeres asciendan a los niveles más altos de una organización, a pesar de tener las calificaciones y la experiencia necesarias. Estas barreras pueden incluir discriminación sutil, prejuicios de género y falta de oportunidades de mentoría o redes profesionales.
Suelo pegajoso	Se utiliza para describir la situación en la que las mujeres, especialmente las de niveles de ingresos bajos o medios, se encuentran atrapadas en puestos de trabajo de bajo nivel y mal remunerados. A diferencia del "techo de cristal", que afecta a mujeres en niveles más altos, el "suelo pegajoso" se refiere a las dificultades para ascender incluso desde los niveles más bajos.
Estereotipos de género	Son ideas preconcebidas y generalizadas sobre las características, roles y comportamientos que la sociedad considera apropiados para hombres y mujeres. Estos estereotipos pueden limitar lo que se considera aceptable o normal para cada género y a menudo conducen a discriminación y desigualdades.

Finalmente, puedes obtener información sobre los últimos aspectos que componen los principales aspectos de la igualdad de género:

Anotación

En definitiva, la igualdad de género es un concepto amplio y multifacético que abarca desde la igualdad legal y la lucha contra la violencia de género hasta la representación en los medios y la igualdad en el lugar de trabajo y en el hogar.

La historia de los derechos de género en España es un relato de lucha constante y progreso significativo, marcado por momentos clave que han transformado la sociedad española en términos de igualdad de género.

Fig. 3. La igualdad de género sigue siendo un objetivo clave en la agenda social y política de España

A continuación, se expone una cronología de la evolución de los derechos de género:

A. Siglo XIX y principios del siglo XX

Durante este período, la sociedad española estaba profundamente arraigada en tradiciones patriarcales. Las mujeres tenían roles limitados, principalmente centrados en el hogar. La educación para las mujeres era básica y se enfocaba en prepararlas para sus roles como madres y esposas. No tenían derecho al voto y su participación en la vida pública y política era mínima.

A finales del siglo XIX y principios del XX, surgieron en España los primeros movimientos sociales que reivindicaban los derechos de las mujeres. Estos movimientos estaban influenciados por las corrientes feministas de Europa y América. Figuras como Concepción Arenal y Clara Campoamor empezaron a emerger, aunque sus ideas encontraron resistencia en una sociedad mayoritariamente conservadora.

A pesar de las limitaciones en la educación formal, algunas mujeres empezaron a participar activamente en la vida cultural y literaria del país. Hubo un creciente número de escritoras, poetas y artistas femeninas, aunque a menudo debían publicar sus trabajos bajo seudónimos masculinos o enfrentarse a la crítica social por salirse de los roles tradicionales.

Si bien los roles de las mujeres estaban principalmente confinados al ámbito doméstico, comenzaron a incursionar en el trabajo remunerado, especialmente en las áreas urbanas. Esto se debió en parte a la necesidad económica y a los cambios sociales y demográficos. Sin embargo, su participación en el mercado laboral estaba limitada a sectores considerados "apropiados" para su género, como la enseñanza, la costura o el servicio doméstico.

La industrialización trajo cambios en la estructura social y económica que afectaron indirectamente la situación de las mujeres. En las áreas urbanas e industriales, algunas mujeres empezaron a trabajar en fábricas, aunque a menudo en condiciones precarias y con salarios significativamente más bajos que los hombres.

Las mujeres comenzaron a luchar por sus derechos legales y civiles, aunque estas luchas eran a menudo silenciadas o marginadas. La capacidad legal de las mujeres estaba severamente restringida; por ejemplo, necesitaban el permiso de sus padres o maridos para realizar casi cualquier actividad legal o económica.

Aunque la educación para las mujeres era básica, se iniciaron esfuerzos para mejorarla. Instituciones como la Institución Libre de Enseñanza comenzaron a promover una educación más igualitaria, aunque estos esfuerzos eran más la excepción que la norma.

Fig. 4. El siglo XIX y principios del siglo XX en España fue un período de transición lenta y complicada para los derechos de género

B. La Segunda República (1931-1939)

Este período marcó un cambio significativo en los derechos de las mujeres en España. La Segunda República trajo consigo una serie de reformas progresistas, incluyendo el derecho al voto para las mujeres en 1931. Se hicieron esfuerzos para mejorar la educación de las mujeres y se promovieron derechos laborales más equitativos. Sin embargo, la Guerra Civil Española y la posterior dictadura de Francisco Franco detuvieron estos avances.

La Segunda República no solo otorgó a las mujeres el derecho al voto en 1931, sino que también vio un aumento en la participación política femenina. Mujeres como Clara Campoamor, Victoria Kent y Margarita Nelken desempeñaron roles destacados en el debate político, especialmente en torno al sufragio femenino. Por primera vez, las mujeres pudieron ser elegidas para cargos públicos y desempeñar un papel activo en la legislación.

Durante la Segunda República, se implementaron reformas educativas que buscaban una mayor igualdad de género en la educación. Se promovió la coeducación y se mejoró el acceso de las mujeres a la educación superior. En el ámbito laboral, se introdujeron leyes para proteger los derechos de las trabajadoras, incluyendo la regulación de las condiciones laborales y salarios.

El feminismo ganó un impulso considerable durante este período, con la formación de numerosas organizaciones y grupos feministas. Estos grupos abogaron por la igualdad de género en todos los aspectos de la vida, desde la educación y el empleo hasta los derechos reproductivos y la participación política.

Fig. 5. La Segunda República fue un período de avances progresistas en los derechos de las mujeres en España

La Segunda República desafió y comenzó a cambiar los roles tradicionales de género. Las mujeres comenzaron a tener una presencia más visible en la esfera pública y en profesiones que anteriormente estaban dominadas por hombres. Este período también vio un aumento en la representación de las mujeres en las artes y la literatura.

La Guerra Civil Española, que comenzó en 1936, tuvo un impacto significativo en los derechos y la vida de las mujeres. Durante la guerra, muchas mujeres participaron activamente en el frente y en roles de apoyo, como enfermeras y combatientes en milicias. Sin embargo, la guerra también llevó a una polarización extrema de los roles de género y a la violencia de género.

El final de la Segunda República y el comienzo de la dictadura de Franco marcaron un retroceso dramático en los derechos de las mujeres. Las conquistas alcanzadas durante la República fueron rápidamente desmanteladas, y las mujeres fueron nuevamente relegadas a roles tradicionales.

C. La dictadura de Franco (1939-1975)

Durante la dictadura de Franco, los derechos de las mujeres retrocedieron drásticamente. Se restringió la participación de las mujeres en la fuerza laboral y se promovió un retorno a los roles tradicionales de género. La legislación durante este período reflejaba una clara discriminación de género, subordinando los derechos de las mujeres a los de sus maridos.

Bajo el régimen de Franco, las mujeres perdieron muchas de las libertades y derechos que habían ganado durante la Segunda República. Se impusieron restricciones severas a su participación en la vida política y social, y se reforzaron los roles de género tradicionales.

La legislación franquista era abiertamente discriminatoria contra las mujeres. Se les negó la igualdad legal con los hombres, y sus derechos y libertades estaban condicionados a la autoridad de sus maridos o padres. Las leyes matrimoniales y de familia de la época subrayaban esta desigualdad, limitando seriamente la capacidad de las mujeres para actuar como individuos independientes en la sociedad.

La Sección Femenina, parte del partido único del régimen franquista, jugó un papel importante en la promoción de los roles tradicionales de género. A través de esta organización, se educaba a las mujeres en las "virtudes" de ser buenas esposas y madres, reforzando la idea de la domesticidad como su principal destino.

En cuanto a la educación, se fomentó un modelo que enfatizaba la formación doméstica y religiosa sobre la académica o profesional. En el ámbito laboral, las mujeres se vieron obligadas a volver a roles más domésticos o subordinados, y se promovieron políticas que desincentivaban su participación en la fuerza laboral.

Fig. 6. La imposición de un modelo de sociedad patriarcal y conservador tuvo efectos duraderos, cuyas repercusiones se extendieron mucho más allá del fin de la dictadura en 1975.

La dictadura implementó una estricta censura y control sobre la sociedad, afectando especialmente a las mujeres. Se ejerció una represión significativa sobre cualquier forma de expresión feminista o de oposición al régimen.

La Iglesia Católica, aliada del régimen franquista, jugó un papel importante en la definición de los roles de género durante este período. Se promovieron valores conservadores y se restringió el acceso de las mujeres a la anticoncepción y al divorcio.

A pesar de la represión, hubo mujeres que resistieron y lucharon en la clandestinidad por sus derechos. Con el paso de los años, especialmente en las décadas de 1960 y 1970, comenzaron a surgir movimientos feministas que desafiaban el statu quo, preparando el terreno para los cambios que vendrían con la transición a la democracia.

D. La transición democrática y la Constitución de 1978

La muerte de Franco en 1975 y la subsiguiente transición a la democracia abrieron el camino para importantes reformas en materia de igualdad de género. La Constitución de 1978 fue fundamental en este proceso, estableciendo la igualdad de género como un principio legal. La constitución garantizaba la igualdad de todos los españoles ante la ley, sin discriminación por razón de sexo.

La transición a la democracia creó un entorno propicio para el cambio social y político, que incluyó un enfoque renovado en los derechos y la igualdad de género. Se comenzó a desmantelar el legado represivo de la dictadura de Franco, abriendo el camino para la revisión de leyes y prácticas discriminatorias.

La Constitución Española de 1978 fue un hito en la historia de los derechos de género en España. Por primera vez, se estableció legalmente la igualdad de género, garantizando la igualdad de todos los españoles ante la ley sin discriminación por razón de sexo. Este cambio constitucional sentó las bases para futuras reformas y legislaciones en favor de la igualdad de género.

Con la nueva constitución, comenzaron las reformas legales y políticas que buscaban eliminar las desigualdades de género en diversos aspectos de la sociedad. Se revisaron y modificaron leyes relacionadas con el matrimonio, la familia, el trabajo y la educación, buscando garantizar la igualdad y los derechos de las mujeres.

La transición democrática también vio un aumento en la participación de las mujeres en la política. Las mujeres comenzaron a ser elegidas para cargos públicos en mayor número y a tener una voz más fuerte en la formulación de políticas y legislación.

Fig. 7. La transición democrática y la Constitución de 1978 sentaron las bases legales y políticas para la promoción de la igualdad de género

Durante este período, el movimiento feminista en España ganó un impulso considerable. Las activistas feministas jugaron un papel indispensable en la promoción de la igualdad de género y en la lucha contra las leyes y prácticas discriminatorias. Su activismo fue fundamental para sensibilizar a la sociedad y a los responsables políticos sobre las cuestiones de género.

Aunque la transición a la democracia marcó un progreso significativo en los derechos de las mujeres, también presentó desafíos. Las cuestiones de igualdad de género requerían un cambio continuo en las actitudes sociales y en la legislación, un proceso que continuaría en las décadas siguientes.

E. Reformas postransición y durante el siglo XXI

Desde la transición a la democracia, España ha experimentado un progreso continuo en los derechos de género. Se han promulgado leyes para proteger a las mujeres de la violencia doméstica y el acoso sexual, y se han implementado políticas para promover la igualdad en el trabajo y la política. Una de las más destacadas es la Ley Integral contra la Violencia de Género de 2004, que proporciona un marco legal integral para la protección de las mujeres contra todo tipo de violencia basada en el género, incluyendo medidas de prevención, asistencia a víctimas y sanciones para los agresores.

Se han introducido leyes y políticas para promover la igualdad de género en el entorno laboral. Esto incluye medidas para combatir la discriminación en el empleo, promover la igualdad salarial y facilitar la conciliación de la vida laboral y familiar. Se han establecido también normativas específicas para prevenir y sancionar el acoso sexual en el trabajo.

Las reformas han buscado incrementar la representación femenina en la política. Las leyes de paridad, por ejemplo, exigen una representación equilibrada de hombres y mujeres en las listas electorales, lo que ha conducido a un aumento notable de la presencia de mujeres en cargos políticos y en las instituciones de gobierno.

Se han implementado programas educativos y campañas de sensibilización para promover la igualdad de género y desafiar los estereotipos tradicionales. Esto incluye la integración de la educación en igualdad de género en los currículos escolares y campañas públicas para fomentar la igualdad y el respeto mutuo.

La Ley de Igualdad de 2007 es otro hito legal, estableciendo medidas específicas para garantizar la igualdad entre hombres y mujeres y para combatir la discriminación por razón de sexo en diferentes ámbitos de la vida social y económica.

Desde la aprobación de la Ley de Igualdad en 2007 hasta 2023, España ha experimentado varios desarrollos notables en la promoción de la igualdad de género.

Los años posteriores a 2007 vieron un fortalecimiento de las políticas y leyes contra la violencia de género. Se implementaron campañas de concienciación pública y se mejoraron los servicios de apoyo a las víctimas, incluyendo la ampliación de recursos como líneas de ayuda y centros de acogida.

Fig. 8. El movimiento feminista en España sigue es una fuerza vital en la promoción de la igualdad de género

Se continuó trabajando en la igualdad en el ámbito laboral, con especial énfasis en la reducción de la brecha salarial de género y la promoción de políticas de conciliación. Se introdujeron reformas para mejorar la flexibilidad laboral, como el teletrabajo, y para apoyar a las familias, como la ampliación de los permisos de paternidad.

La presencia de mujeres en la política siguió aumentando, con más mujeres ocupando cargos de alta responsabilidad, incluyendo ministerios y la vicepresidencia del gobierno. Esto reflejó un cambio significativo en la representación política y en la toma de decisiones.

La educación en igualdad de género se convirtió en un tema cada vez más relevante, con esfuerzos para integrar la perspectiva de género en el currículo educativo y promover la sensibilización entre estudiantes y docentes.

El movimiento feminista en España ganó un impulso considerable, especialmente con manifestaciones masivas como las del 8 de marzo (Día Internacional de la Mujer), donde se reivindicaron derechos y se denunciaron las desigualdades de género existentes.

A pesar de los avances, se identificaron desafíos continuos, como la persistencia de la brecha salarial, la subrepresentación femenina en ciertos sectores profesionales, y la necesidad de combatir las formas más sutiles de discriminación y los estereotipos de género.

La pandemia de COVID-19, que comenzó en 2020, tuvo un impacto significativo en la igualdad de género, destacando problemas como la violencia doméstica durante los confinamientos y las desigualdades en el trabajo. Esto llevó a una mayor atención y a la implementación de medidas específicas para abordar estas cuestiones.

Hasta 2023, España ha continuado avanzando en la promoción de la igualdad de género, aunque reconociendo que todavía quedan desafíos por afrontar. La combinación de legislación progresista, políticas públicas, educación y activismo social ha sido fundamental en este proceso hacia una sociedad más igualitaria.

Recuerda

La evolución de los derechos de género en España es una historia de avances significativos interrumpidos por períodos de represión, pero con un claro movimiento hacia una mayor igualdad y reconocimiento de los derechos de las mujeres.

1.2. Marco legal y normativo

El marco legal y normativo en materia de igualdad de género constituye el conjunto de leyes, decretos, tratados y políticas públicas que tienen como finalidad garantizar la igualdad de trato y oportunidades entre mujeres y hombres y prevenir cualquier forma de discriminación basada en el sexo o el género.

Este marco jurídico opera a múltiples niveles:

- Internacional (ONU, OIT, UE...)
- Comunitario (Unión Europea)
- Estatal o nacional
- Autonómico (en el caso español)
- Organizacional (normas internas de empresa, convenios, códigos éticos, protocolos)

Este sistema normativo crea obligaciones, derechos, mecanismos de protección y herramientas de control y seguimiento, que permiten transformar los principios de igualdad en sistemas de cumplimiento real.

Entre los ejes fundamentales que regula el marco legal destacan:

- **Igualdad de trato.** Garantizar que, a igual situación, se da un trato equitativo, sin sesgos ni discriminación.
- **Igualdad de oportunidades.** Asegurar que mujeres y hombres puedan acceder a los mismos recursos, beneficios y condiciones.

- **No discriminación directa o indirecta.** Evitar prácticas que afecten desproporcionadamente a un sexo, aunque no sean explícitas.
- **Medidas de acción positiva.** Estrategias para corregir desigualdades estructurales existentes.
- **Prevención y sanción de la violencia de género.** Protección integral de las mujeres víctimas de violencia.
- **Igualdad laboral y salarial.** Igual remuneración por trabajos de igual valor y erradicación de la brecha salarial.
- **Corresponsabilidad y conciliación.** Derechos que faciliten equilibrar vida personal, familiar y profesional.

Este marco normativo no solo se centra en prohibiciones y sanciones, sino también en medidas activas y preventivas para cambiar las estructuras sociales y laborales que producen desigualdad. Por ello, en muchos casos se articulan obligaciones legales para empresas, administraciones y agentes sociales y también líneas estratégicas de formación, sensibilización y promoción de la igualdad.

Asimismo, el marco legal presenta una doble dimensión:

- **Dimensión garantista.** Asegura derechos fundamentales (igualdad, integridad, libertad sexual, no discriminación, participación política, etc.).
- **Dimensión operativa.** Obliga a diseñar herramientas concretas: planes de igualdad, protocolos antiacoso, auditorías retributivas, registros salariales, medidas de conciliación, etc.

Por tanto, la igualdad de género no es una opción o una recomendación ética, sino un mandato jurídico. La normativa obliga, supervisa y sanciona, pero también orienta, guía y promueve políticas de cambio.

Este marco se desarrolla en dos grandes líneas que se detallan a continuación: la legislación nacional e internacional en igualdad de género y legislación en materia de Planes de igualdad en la empresa

1.2.1. **Legislación nacional e internacional en igualdad de género**

La legislación en igualdad de género, tanto a nivel nacional como internacional, es un pilar fundamental en la lucha contra la discriminación de género y la promoción de la igualdad.

A continuación, se detalla cómo se desarrolla esta legislación:

A. Legislación nacional

La Ley Orgánica para la Igualdad Efectiva de Mujeres y Hombres de 2007 en España es una pieza legislativa integral que aborda múltiples aspectos relacionados con la igualdad de género.

Algunas de las disposiciones y áreas clave que cubre esta ley son:

- **Igualdad en el empleo**:
  - o Promoción de la igualdad de género en el reclutamiento y la selección.
  - o Medidas para prevenir la discriminación en el trabajo, incluyendo la remuneración, las condiciones laborales y las oportunidades de promoción.
  - o Obligaciones para las empresas en la implementación de planes de igualdad.

- **Educación**:
  - o Integración de la igualdad de género en los currículos educativos.
  - o Promoción de la coeducación y eliminación de estereotipos de género en la educación.
  - o Formación y sensibilización en igualdad de género para el personal educativo.

- **Medidas contra la violencia de género**:
  - o Establecimiento de medidas de protección y asistencia a las víctimas de violencia de género.
  - o Creación de protocolos para la prevención y respuesta a la violencia de género.

- **Participación política y en la administración pública**:
  - o Fomento de la igualdad de género en la toma de decisiones políticas.
  - o Imposición de cuotas de género para asegurar la representación equilibrada en listas electorales y cargos públicos.

Fig. 9. La legislación establece un marco legal para promover la igualdad de oportunidades para todos los géneros.

- **Igualdad en los medios de comunicación**:
  - o Promoción de una imagen igualitaria, plural y no estereotipada de mujeres y hombres en los medios.
  - o Fomento de códigos de conducta para evitar el sexismo en la publicidad y los medios.

- **Ámbito laboral**:
  - o Impulso de medidas para la conciliación de la vida laboral, personal y familiar.
  - o Incentivos para las empresas que promuevan la igualdad efectiva entre hombres y mujeres.

Además, hay una serie de leyes significativas que han sido fundamentales en la promoción de los derechos de las mujeres y la igualdad de género:

- **Ley Orgánica de Medidas de Protección Integral contra la Violencia de Género (2004)**: Pionera en Europa, esta ley aborda de manera integral la violencia contra las mujeres. Establece un marco legal para la prevención, atención y protección de las víctimas de violencia de género, incluyendo la violencia doméstica y el acoso sexual. Esta legislación ha sido crucial en la lucha contra la violencia de género, proporcionando recursos y apoyo a las víctimas y estableciendo sanciones para los agresores.

- **Ley de Salud Sexual y Reproductiva y de la Interrupción Voluntaria del Embarazo (2010)**: Esta ley representa un avance significativo en los derechos reproductivos de las mujeres en España. Regula el acceso a la salud sexual y reproductiva, incluyendo la disponibilidad de métodos anticonceptivos y la interrupción voluntaria del embarazo. Su objetivo es garantizar que las mujeres tengan control sobre sus derechos reproductivos y acceso a servicios de salud reproductiva de calidad, marcando un hito en la autonomía y libertad de las mujeres en cuestiones de salud y reproducción.

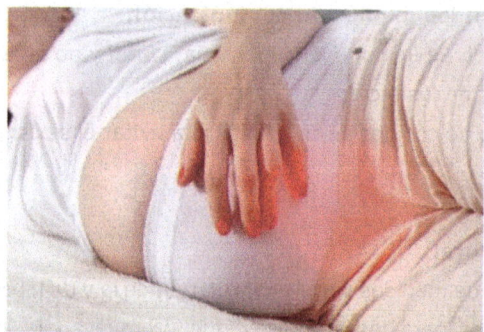

Fig. 10. La Ley de Salud Sexual y Reproductiva y de la Interrupción Voluntaria del Embarazo, promueve una educación integral en salud sexual y reproductiva

- **Ley para la Igualdad de Trato y la No Discriminación (2011)**: Esta ley abarca un espectro más amplio de igualdad y no discriminación, incluyendo disposiciones específicas para combatir la discriminación por razón de género.

Apunta a promover la igualdad y prevenir cualquier forma de discriminación, ya sea en el trabajo, la educación, el acceso a bienes y servicios, o en otros contextos sociales. Su enfoque integral es fundamental para asegurar un tratamiento justo y equitativo en varios aspectos de la vida social y económica.

- **Ley Orgánica para la Mejora de la Calidad Educativa (LOMCE, 2013)**: Aunque se centra en la reforma educativa, la LOMCE incluye componentes importantes para la igualdad de género en la educación. Promueve la eliminación de estereotipos de género en el sistema educativo y fomenta una educación basada en la igualdad y el respeto mutuo. Esta ley es un paso crucial para moldear una sociedad más igualitaria desde las aulas, educando a las futuras generaciones en valores de igualdad y respeto.

- **Reformas en la Legislación Laboral**: A lo largo de los años, se han introducido diversas reformas en la legislación laboral española para fomentar la igualdad de género en el lugar de trabajo. Estas reformas han abordado temas como la igualdad salarial, la conciliación de la vida laboral y familiar y la prevención del acoso sexual en el trabajo.

Fig. 11. Las reformas legales son esenciales para crear un entorno laboral justo y equitativo

B. Legislación internacional

La legislación internacional en materia de igualdad de género comprende varios tratados, convenios y resoluciones clave que han sido adoptados a nivel global para promover los derechos de las mujeres y la igualdad de género. Entre los más destacados se encuentran:

- **Convención sobre la eliminación de todas las formas de discriminación contra la mujer (CEDAW)**: Adoptada por la Asamblea General de las Naciones Unidas en 1979, la CEDAW es a menudo descrita como la "Carta Internacional de los Derechos de la Mujer". Obliga a los países firmantes a eliminar la discriminación contra las mujeres en todas las formas y promover la igualdad de género en áreas como la educación, el empleo y la salud.

- **Declaración y plataforma de acción de Beijing (1995)**: Surgida de la Cuarta Conferencia Mundial sobre la Mujer, la Plataforma de Acción de Beijing establece objetivos estratégicos y medidas para avanzar en los derechos de las mujeres en doce áreas críticas, incluyendo la educación, la economía, el poder y la toma de decisiones, y la violencia contra las mujeres.

- **Objetivos de Desarrollo Sostenible (ODS) de las Naciones Unidas**: Adoptados en 2015, los ODS incluyen el Objetivo 5, que se centra específicamente en lograr la igualdad de género y empoderar a todas las mujeres y niñas. Este objetivo abarca temas como la eliminación de la violencia contra las mujeres, la igualdad de acceso a la educación y el trabajo, y la participación plena y efectiva de las mujeres en la vida política, económica y pública.

- **Convención sobre los Derechos Políticos de la Mujer (1952)**: Esta convención fue una de las primeras en reconocer y abogar por los derechos políticos de las mujeres, incluyendo el derecho al voto, a ocupar cargos públicos y a tener acceso a los servicios públicos en igualdad de condiciones con los hombres.

*Fig. 12. La Convención sobre los Derechos Políticos de la Mujer de 1952 fue adoptado
por la Asamblea General de las Naciones Unidas el 20 de diciembre de 1952*

- **Protocolo Facultativo de la CEDAW (1999)**: Este protocolo permite a los individuos o grupos presentar quejas ante el Comité de la CEDAW sobre violaciones de los derechos de las mujeres en países que han ratificado el protocolo. También habilita al Comité a iniciar investigaciones sobre violaciones graves o sistemáticas de los derechos de las mujeres.

- **Convención Interamericana para Prevenir, Sancionar y Erradicar la Violencia contra la Mujer "Convención de Belém do Pará" (1994)**: Es un tratado internacional crucial adoptado el 9 de junio de 1994 en Brasil. Este tratado se enfoca en la violencia contra las mujeres, proponiendo medidas específicas para su prevención y eliminación. Define la violencia de género en un sentido amplio, abarcando daño físico, sexual y psicológico. La Convención establece el derecho de las mujeres a vivir libres de violencia y ha impulsado la creación de leyes y políticas para combatir la violencia de género en los países miembros, teniendo un notable impacto tanto regional como internacional.

- **Resoluciones del Consejo de Seguridad de las Naciones Unidas sobre Mujeres, Paz y Seguridad**: Desde la resolución 1325 en el año 2000, el Consejo de Seguridad ha adoptado varias resoluciones que reconocen el impacto desproporcionado de los conflictos armados en las mujeres y las niñas. Estas resoluciones abogan por la participación de las mujeres en la prevención de conflictos, la resolución de conflictos y los procesos de paz, así como por la protección de las mujeres y las niñas de la violencia sexual en conflictos.

Las Resoluciones del Consejo de Seguridad de la ONU sobre Mujeres, Paz y Seguridad son clave para abordar cómo los conflictos armados afectan desproporcionadamente a mujeres y niñas. Estas resoluciones incluyen:

o **Resolución 1325 (2000)**: Destaca la importancia de la participación femenina y la perspectiva de género en procesos de paz y reconstrucción postconflicto.

o **Resolución 1889 (2009)**: Enfatiza en fortalecer la aplicación de la Resolución 1325,

o incluyendo el seguimiento mediante indicadores específicos.

o **Resolución 2122 (2013)**: Enfoca en superar deficiencias en la agenda de mujeres, paz y seguridad, subrayando que la igualdad de género es vital para la paz y seguridad globales.

o **Resolución 2242 (2015)**: Aborda barreras en la implementación de estas agendas, promoviendo una integración más fuerte con estrategias contra el terrorismo y extremismos.

- **La Agenda 2030 para el desarrollo sostenible**: La implementación de los Objetivos de Desarrollo Sostenible (ODS) continúa siendo un marco clave para promover la igualdad de género a nivel mundial. Los países han integrado estos objetivos en sus políticas nacionales, aunque los progresos son desiguales y existen desafíos significativos debido a factores como la pobreza, las crisis políticas y los desastres naturales.

- **Conferencias internacionales y plataformas de seguimiento**: Las conferencias internacionales, como las reuniones periódicas de la Comisión de la Condición Jurídica y Social de la Mujer (CSW) de las Naciones Unidas, continúan siendo foros importantes para evaluar los avances en la igualdad de género, compartir mejores prácticas y desafíos, y formular nuevas estrategias para abordar cuestiones pendientes.

Fig. 13. La Comisión de la Condición Jurídica y Social de la Mujer (CSW) es un organismo global pionero en la promoción de la igualdad de género y el empoderamiento de las mujeres

- **Impacto de la pandemia de COVID-19**: La pandemia ha tenido un impacto significativo en la igualdad de género, exacerbando las desigualdades existentes y planteando nuevos desafíos. Las mujeres se han visto afectadas desproporcionadamente en términos de pérdida de empleo, aumento de la violencia doméstica y sobrecarga de trabajo de cuidados no remunerados. Esto ha llevado a un renovado enfoque en políticas de género sensibles a la crisis.

- **Movimientos globales y campañas**: Movimientos como #MeToo y campañas por los derechos reproductivos han tenido un impacto global, aumentando la conciencia sobre el acoso sexual, la violencia de género y los derechos de las mujeres. Estos movimientos han presionado a los gobiernos y organizaciones internacionales para que tomen medidas más firmes contra la violencia de género y promuevan la igualdad.

Para la implementación de la legislación anterior hay que tener en cuenta lo siguiente:

- **Aplicación de la legislación**: La implementación efectiva de estas leyes es un desafío constante. Requiere no solo el compromiso político, sino también recursos adecuados, sensibilización y educación para cambiar las actitudes y prácticas discriminatorias arraigadas.

- **Desafíos globales**: A nivel global, los desafíos incluyen la variabilidad en la adopción y aplicación de las leyes de igualdad de género. Mientras que algunos países han avanzado significativamente, otros todavía enfrentan obstáculos significativos debido a factores culturales, religiosos y socioeconómicos.

Anotación

En definitiva, la legislación nacional e internacional en igualdad de género es fundamental para establecer un marco legal que promueva la igualdad y combata la discriminación. Sin embargo, su éxito depende no solo de la existencia de leyes, sino también de su efectiva implementación y de la voluntad política y social para abordar y cambiar las normas y prácticas discriminatorias.

1.2.2. Legislación en materia de Planes de igualdad en la empresa

La legislación española sobre planes de igualdad en el ámbito empresarial es extensa y multidimensional, abarcando diferentes niveles jurídicos: internacional, comunitario (UE), y nacional. A continuación, se destacan y analizan algunas normativas clave y se proporciona orientación sobre su aplicación y recursos disponibles.

El Real Decreto 901/2020, promulgado el 13 de octubre, es una normativa fundamental en España que regula los planes de igualdad en las organizaciones y su registro. Este decreto ha introducido cambios relevantes en la Ley Orgánica 3/2007, de 22 de marzo, que promueve la igualdad efectiva de mujeres y hombres, especialmente en lo que respecta a los planes de igualdad.

Fig. 14. El Real Decreto 901/2020 establece directrices claras sobre la estructuración y ejecución de planes de igualdad

Veamos de manera clara y sencilla los puntos clave del Real Decreto 901/2020:

Requisito obligatorio de los planes de igualdad: Ahora, cualquier empresa con una plantilla de 50 o más personas debe desarrollar e implementar un plan de igualdad. Esto representa un cambio importante respecto a la normativa anterior, donde solo se exigía a las empresas con más de 250 personas trabajadoras.

- **Contenido específico del diagnóstico y el Plan de Igualdad**: El decreto detalla con precisión los elementos que deben integrar tanto el diagnóstico como el plan de igualdad. Es esencial que el diagnóstico aborde temas específicos y que el plan incluya un análisis situacional, defina objetivos claros, estrategias para alcanzarlos y sistemas eficientes para monitorizar y evaluar estos objetivos.

- **Registro de los planes de igualdad**: Es mandatorio registrar todos los planes de igualdad, asegurando así su formalización y seguimiento.

- **Desarrollo reglamentario**: El Gobierno ha sido encargado de desarrollar regulaciones adicionales en aspectos como el diagnóstico, contenido, temas específicos, auditorías salariales y sistemas para el seguimiento y evaluación de los planes de igualdad, así como la gestión del Registro de Planes de Igualdad.

El Real Decreto 902/2020, promulgado el 13 de octubre, es una legislación clave en España dirigida a asegurar la igualdad salarial entre mujeres y hombres.

A continuación, se explica de manera sencilla algunos puntos fundamentales de este decreto:

- **Igualdad en la retribución**: El propósito principal de este Real Decreto es asegurar que se pague de manera equitativa por trabajos de igual valor, independientemente del género de la persona trabajadora. Esto busca eliminar cualquier forma de discriminación salarial que pueda existir por razones de sexo.

Fig. 15. El Real Decreto 902/2020 borda la disparidad de género en la remuneración, estableciendo un marco legal para su corrección y prevención

- **Registro salarial**: Todas las empresas tienen la obligación de mantener un registro detallado de las retribuciones de su personal, incluyendo tanto al equipo directivo como a los altos cargos.

Este registro debe mostrar los promedios de los salarios, los complementos salariales y las percepciones extrasalariales, desglosados por género, con el fin de garantizar transparencia y equidad.

- **Auditoría salarial**: Es un requisito para las empresas llevar a cabo una auditoría salarial al desarrollar un plan de igualdad. El objetivo de esta auditoría es realizar un análisis de la situación salarial dentro de la organización. Si se identifica una brecha salarial, la empresa debe establecer un plan de acción para remediar esta desigualdad.

- **Valoración de los puestos de trabajo**: Las empresas deben asegurarse de que todos los puestos de trabajo sean evaluados adecuadamente. Esto significa que todos los puestos deben ser valorados y comparados entre sí para confirmar que se está cumpliendo con el principio de igual retribución por trabajos de igual valor.

Anotación

El Ministerio de Igualdad desempeña un papel vital en ofrecer asesoramiento y soporte a las empresas en relación con estos planes.

Este apoyo incluye:

- Orientación sobre la legislación aplicable.
- Información sobre los plazos de implementación del Real Decreto 901/2020.
- Directrices sobre las entidades empresariales obligadas a desarrollar planes de igualdad.
- Criterios para el cálculo de la plantilla a efectos de la obligatoriedad de estos planes.

2. Desarrollo de políticas y planes de igualdad

Para que la igualdad de género se materialice en hechos concretos y no se quede solo en una declaración de intenciones, es necesario implementar políticas específicas que corrijan desigualdades reales. Estas políticas deben basarse en análisis previos de la situación, identificación de desigualdades, objetivos definidos y medidas que transformen el contexto social y laboral. No se trata de dar privilegios, sino de corregir situaciones de partida desiguales para garantizar las mismas condiciones y oportunidades a todas las personas.

Dentro del desarrollo de políticas de igualdad encontramos herramientas clave como las medidas de acción positiva, enfocadas a favorecer a colectivos infrarrepresentados para que puedan acceder en condiciones de equidad a recursos, formación, empleo o representación. También juega un papel esencial el enfoque de transversalidad o mainstreaming de género, que implica integrar la perspectiva de género en todas las fases y niveles de cualquier política pública o estrategia institucional, desde la planificación hasta la evaluación. Este enfoque permite que la igualdad no sea un ámbito aislado, sino un criterio de análisis y decisión en todas las áreas: empleo, educación, salud, tecnología, economía digital, comunicación, cultura o participación política.

A nivel empresarial, uno de los instrumentos más completos y eficaces para garantizar este desarrollo de políticas es el Plan de Igualdad, que hoy es obligatorio en empresas con más de 50 trabajadores. Los planes de igualdad incluyen un diagnóstico previo, diseñan medidas concretas ajustadas a la realidad de cada organización, incorporan indicadores de seguimiento y establecen un sistema de evaluación que permite comprobar el impacto real de las acciones. Estos planes hacen posible que la igualdad se integre en áreas clave como selección, formación, promoción, retribución, conciliación y prevención de la discriminación.

El desarrollo de políticas y planes de igualdad, en definitiva, transforma el marco normativo y los ideales de igualdad en actuaciones reales y estructuradas que permitan avanzar de forma efectiva hacia una sociedad más equitativa y justa.

2.1. Las acciones positivas

Son acciones positivas todas aquellas iniciativas que se llevan a efecto en colectivos o personas infrarrepresentadas en la sociedad. La idea es aportar cierta ventaja a dichas personas en un contexto determinado, con el fin ponerla en una posición de partida que suponga partir desde el mismo punto que aquellos que no están infrarrepresentados. Consiste sencillamente en equiparar posiciones.

Ejemplo

- Fomentar el acceso de las mujeres a aquellos trabajos en los que son minoría.
- Garantizar que no haya un sesgo de género a la hora de seleccionar personal.
- Evitar la feminización de algunos puestos de trabajo.
- Procurar que sea una mujer la que substituya a otra.
- Ampliar el porcentaje de presencia de mujeres en general, incluso más que el de los hombres a cualquier nivel.

Existen dos tipos de estrategias positivas:

- Las medidas que se aplican sobre el punto de partida para que hombres y mujeres tengan acceso a los mismos recursos. Un ejemplo de ello sería proporcionar formación a las mujeres en TICs, ya que la brecha digital las afecta más a ellas y por tanto es una forma de garantizar que obtengan las mismas oportunidades de acceso al trabajo si su formación en este aspecto es similar a la que tienen los hombres.

- Las medidas que se aplican sobre los resultados, cuya función es correctora y sí garantiza una efectividad. Un ejemplo de ello son las cuotas en el congreso o en cualquier institución. Debido a que por causas de discriminación no va a haber una igualdad de presencia de mujeres y hombres que ocurra de manera espontánea, este tipo de medidas de acción positiva buscan que se produzca esa equiparación de manera deliberada.

Las acciones positivas siempre han sido un motivo de controversia puesto que, según algunas opiniones, estas medidas suponen un factor de discriminación para aquellas personas en las que no se aplican, ya que según su criterio les sitúa en una posición de inferioridad. Sin embargo, solo es necesario atender a cualquier banco de datos que aporte información sobre igualdad de género para reparar en la idea de que son las mujeres las que están **infrarrepresentadas** y por tanto estas medidas son necesarias para partir de un punto de igualdad.

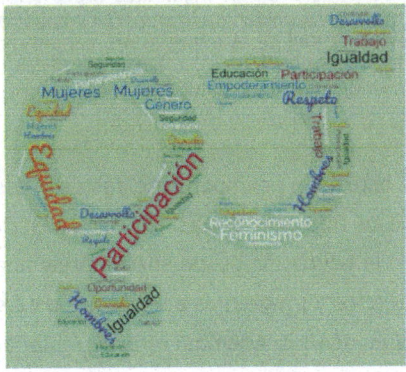

Fig. 16. La lucha por la igualdad es importante tanto para mujeres como para hombres

2.2. Mainstreaming de género

El mainstreaming de género, conocido en castellano como transversalidad de género, es el concepto por el que se pretende integrar la perspectiva de género en los diferentes ámbitos de intervención de las políticas públicas a través de la Administración General del Estado y la Autoridad de Gestión del Fondo Social Europeo. Al través del mainstreaming de género se pretende incorporar la igualdad de género en todos los niveles y fases de todas las políticas.

Desde el Instituto de las Mujeres, el Programa de mainstreaming de género plantea una serie de actuaciones que van en torno a los siguientes objetivos:

- Dar soporte a las políticas de género que desarrolle la Administración general del Estado.
- Dar soporte al Fondo Social Europeo en las actuaciones que se lleven a cabo desde las Diferentes Comunidades Autónomas.
- Integrar la perspectiva de género en proyectos con un carácter transnacional.
- Asesorar la Red Europea de Mainstreaming de género.
- Apoyar el movimiento asociativo de mujeres y fomentar su participación en políticas públicas y de igualdad.

 **Importante**

El mainstreaming de género se traduce en las siguientes áreas temáticas: emprendimiento y promoción profesional de las mujeres, igualdad en la empresa y negociación colectiva, educación, salud, estudios e investigación, sociedad de la información, comunicación y publicidad, cultura, programas de inserción sociolaboral, deporte y actividad física, programas europeos y planificación y evaluación, medio ambiente y cambio climático.

De todos estos ámbitos de actuación es importante destacar la salud, la educación y la promoción profesional puesto que son quizás los aspectos clave en la vida de las personas. En lo referente a la educación desde el Mainstreaming de género el Instituto de las Mujeres impulsa proyectos y programas para contribuir a superar las limitaciones que ponen los estereotipos de género. Además, ofrecen materiales didácticos, estudios y seminarios y encuentros.

En cuanto a la salud también se ofrecen publicaciones, actividades formativas, seminarios, encuentros, programas para el fomento de la sensibilización y formación de los profesionales, además de promover a su vez programas y actividades para mujeres en riesgo de exclusión social.

Con respecto de la promoción profesional, también presentan una serie de programas e iniciativas que promueven una mayor presencia de mujeres en empresas y acabar con los estereotipos de género en el trabajo.

Recuerda

Para conocer más del Instituto de la Mujer y del Programa de mainstreaming de género se puede acceder a su web y consultar toda la información.

Además, es muy interesante consultar esta página, ya que ofrece muchos datos estadísticos sobre la situación de las mujeres en diferentes ámbitos, aludiendo a esa transversalidad. Desde "Mujeres en Cifras" se publican datos que son a su vez utilizados por el Instituto Nacional de Estadística e incluso presentan infografías mensuales que son muy representativas.

2.3. El plan de igualdad en la empresa

Los planes de igualdad son conjuntos de medidas que se llevan a efecto con la intención de crear un contexto en pro de la igualdad de género en cualquier ámbito, aunque está fundamentalmente enfocado a las empresas.

Anotación

Los planes de igualdad son ahora de obligada elaboración y cumplimiento para todas aquellas empresas que superen los 50 trabajadores.

Los planes de igualdad se aplican en cinco fases:

- **Fase 1:** esta primera fase constituye la puesta en marcha del proceso. Se crea una comisión negociadora que estipule la apertura del plan.

- **Fase 2:** en esta segunda fase se realiza un diagnóstico que revisa en datos cualitativos y cuantitativos el nivel de integración de las mujeres en la empresa.

- **Fase 3:** en esta fase se crea el diseño, la aprobación y el registro del Plan de Igualdad. Se establecen indicadores de seguimiento, evaluación y un calendario de aplicación.

- **Fase 4:** en esta fase de implantación y seguimiento del Plan de Igualdad. Se comprueba el desarrollo y se valoran los resultados.

- **Fase 5:** esta es la fase de evaluación donde se valoran los objetivos, los resultados y el impacto que ha tenido el plan de igualdad.

Un buen ejemplo de plan de igualdad es el que ha desarrollado la empresa IKEA para sus trabajadores y trabajadoras. En él se aprecian las diferentes fases, la primera consiste en una fase inicial de diagnóstico, la segunda fase consiste en la presentación de la estructura del plan de igualdad, donde se establecen tanto los objetivos generales y específicos, como las medidas y acciones previstas; por último, una fase final de seguimiento y evaluación.

Desde la fase de diagnóstico hacen un estudio sobre las características generales de la plantilla por el cual se analizan aspectos internos de la empresa con respecto de asuntos relacionados con factores de discriminación de género.

En lo referente a la estructura del plan, se presentan los objetivos generales, entre los que están "avanzar en la igualdad de oportunidades" dentro de la empresa e integrar la perspectiva de género, para luego incidir en aspectos más específicos como aplicables a las diferentes dimensiones: selección y contratación, promoción, formación, retribución, conciliación de la vida familiar y laboral, etc. Y para ello presentan medidas específicas para cada una de esas dimensiones.

Anotación

El plan para igualdad de IKEA es público y descargable en la página oficial de IKEA. Podemos consultarlo para ver cómo es un ejemplo real de un plan que esté en funcionamiento.

3. Sensibilización y ámbitos de actuación

Los programas de sensibilización están diseñados para incrementar la conciencia sobre la igualdad de género mediante actividades educativas y participativas. Estos programas son esenciales para enseñar a empleados y líderes sobre los problemas de género y los prejuicios inconscientes, y cómo estos afectan a la organización.

Fig. 17. La sensibilización y la formación ayudan a los empleados y líderes a comprender la importancia de la igualdad de género

La formación específica en igualdad de género para empleados y líderes incluye temas como el manejo de la diversidad, la comunicación inclusiva, y la prevención del acoso y la discriminación por género.

Estos programas están diseñados para aumentar la conciencia sobre la igualdad de género en el lugar de trabajo. A través de diversas actividades, como talleres, seminarios y campañas de comunicación, los empleados pueden aprender sobre los problemas de género, los prejuicios inconscientes y cómo estas cuestiones afectan tanto a los individuos como a la organización en su conjunto.

Fig. 18. Los programas de sensibilización contribuyen a crear un ambiente donde todas las personas se sientan valoradas y respetadas, independientemente de su género

 **Ejemplo**

El proyecto "Más Mujeres, Mejores Empresas", impulsado por el Ministerio de Igualdad, que busca incrementar la participación balanceada de mujeres y hombres en roles de liderazgo en el sector empresarial y económico. Las empresas se unen a esta iniciativa mediante acuerdos con la Secretaría de Estado de Igualdad y Contra la Violencia de Género, estableciendo objetivos y medidas para aumentar la presencia femenina en puestos de decisión. Durante este proceso, reciben asesoramiento del Instituto de la Mujer y participan en actividades como talleres de liderazgo femenino y desarrollo profesional.

En los programas de sensibilización sobre igualdad de género, además de talleres y seminarios, se pueden incorporar simulaciones y juegos de roles que permiten a los empleados experimentar situaciones desde diferentes perspectivas de género. Esto ayuda a comprender mejor los desafíos específicos y fomenta la empatía.

Además, los programas pueden incluir sesiones de *'coaching'* y mentoría enfocadas en igualdad de género, donde los empleados reciben orientación personalizada. También, el uso de tecnologías como la realidad virtual para simular situaciones de discriminación puede ser una herramienta poderosa para aumentar la empatía y el entendimiento.

Ejemplo

Un ejemplo práctico podría ser una empresa que organiza un "Día de la Igualdad", donde los empleados participan en talleres y actividades que resaltan la importancia de la igualdad de género. Esto puede incluir paneles de discusión con líderes femeninas, talleres sobre prejuicios inconscientes, y actividades interactivas que desafían los estereotipos de género.

La Unión Europea tiene ahora mismo dentro de sus objetivos la igualdad entre hombres y mujeres desde el año 1957, desde que se estableció el TFUE (Tratado de Funcionamiento de la UE). Desde esta organización se pretende ahondar en el problema de la desigualdad de género contemplado en la Carta de Derechos Fundamentales de la Unión Europea. La UE trabaja para la eliminación de la desigualdad entre hombres y mujeres en todos los ámbitos y para combatir la violencia de género.

Fig. 19. La UE integra entre sus acciones políticas de género

Algunos de los ámbitos de actuación son los siguientes:

- Principio de igualdad en materia de seguridad social.
- Mejora de seguridad y salud en el trabajo para mujeres embarazadas, que hayan dado a luz o en periodo de lactancia.
- Igualdad para el acceso a bienes y suministros.
- Igualdad en asuntos de empleo y ocupación.
- Prevención y lucha contra la trata de seres humanos.
- Conciliación de la vida familiar y profesional.

3.1. Igualdad e independencia económica

Uno de los factores más importantes de discriminación por género es la cuestión económica. En los países desarrollados las mujeres siguen obteniendo salarios inferiores a los hombres en prácticamente todos los ámbitos de empleo.

Anotación

Techo de cristal: es el término que se utiliza para designar la imposibilidad o múltiples dificultades con las que se encuentran las mujeres a la hora de ascender en sus puestos de trabajo.

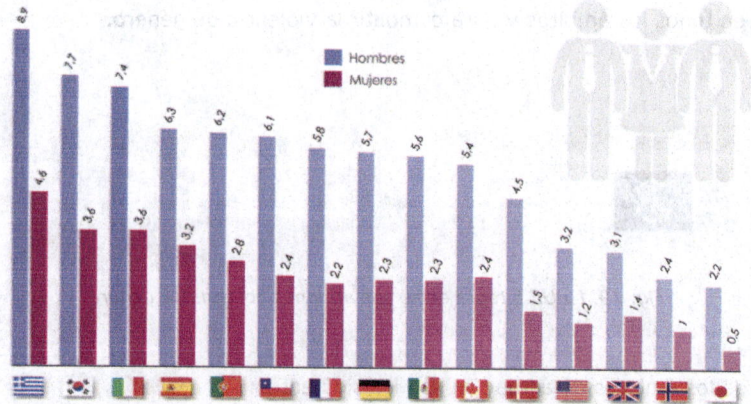

Fig. 20. Representación de las mujeres en altos cargos en empresas. Fuente: Organización para la Cooperación y de Desarrollo Económicos (2017)

Los porcentajes son claros y es una realidad que es poco habitual ver a mujeres ejerciendo funciones de máxima responsabilidad o con altos cargos en empresas.

Esto repercute en que, si las mujeres no tienen las mismas oportunidades profesionales, no optarán al mismo éxito que los hombres y por tanto no habrá una igualdad salarial.

Otro de los grandes problemas con el que tienen que lidiar las mujeres del primer mundo es la **brecha de género**. Hoy en día las mujeres cobran un menor salario que los hombres en el mismo puesto laboral, a pesar de las medidas que se toman desde las instituciones. En España la brecha de género estaba en un 19,51% en el año 2019 pero a raíz de la crisis de la COVID-19, los datos en este aspecto se han visto alterados, empeorando en este aspecto la situación de las mujeres.

Brecha salarial entre hombres y mujeres en España Retribución anual media en euros. Datos de 2019

	Mujeres	Hombres	Diferencia a favor de los hombres	
			En euros	En %
Asturias	21.298,58	28.481,75	7.183,17	25,22
Aragón	20.360,25	26.404,73	6.044,48	22,89
Navarra	23.728,82	30.564,90	6.836,08	22,37
Castilla y León	19.414,11	24.665,79	5.251,68	21,29
Valencia	19.314,58	24.499,53	5.184,95	21,16
Andalucía	19.391,52	24.527,67	5.136,15	20,94
Cataluña	22.988,22	28.965,38	5.977,16	20,64
Cantabria	20.600,16	25.795,43	5.195,27	20,14
Murcia	19.431,25	24.289,41	4.858,16	20,00
La Rioja	20.377,23	25.342,99	4.965,76	19,59
PROMEDIO	**20.995,20**	**26.085,62**	**5.090,42**	**19,51**
País Vasco	26.197,62	32.529,17	6.331,55	19,46
Galicia	19.818,26	24.542,83	4.724,57	19,25
Madrid	24.873,79	30.530,89	5.657,10	18,53
Extremadura	18.012,58	21.823,73	3.811,15	17,46
C.-La Mancha	19.939,58	23.494,17	3.554,59	15,13
Baleares	21.631,07	24.914,51	3.283,44	13,18
Canarias	19.540,82	22.082,69	2.541,87	11,51

Fig. 21. Brecha salarial entre hombres y mujeres en España representada por Comunidades Autónomas. Fuente: INE

Anotación

A pesar de que la legislación vigente no permite hacer diferencias salariales por razón de género, la realidad es que las mujeres siguen viendo menos cifras en sus nóminas.

Importante

Es muy importante además saber leer los datos, puesto que a priori puede parecer que no se hacen diferencias en las retribuciones por parte de las empresas. Sin embargo, si atendemos a aspectos como las horas de trabajo, la responsabilidad, los trabajos feminizados y masculinizados, las oportunidades laborales etc., caeremos en la cuenta de que estamos muy lejos de romper con esa brecha salarial y el techo de cristal.

Se deben establecer acciones que garanticen en primer lugar la independencia económica de las mujeres y además la igualdad retributiva. Para ello será necesario crear políticas de género de tipo transversal, que atiendan a todos los aspectos que afectan a la vida de las mujeres. No tiene mucho sentido elaborar leyes que obliguen a las empresas a ofrecer igualdad salarial si, por el estigma de "la mujer cuidadora" seguimos relegando a las mujeres a las medias jornadas y los trabajos precarizados.

3.2. Conciliación de la vida laboral con la vida privada y familiar

Otro de los grandes debates sobre la igualdad de género es la conciliación de la vida laboral y familiar. Es un problema que atañe a hombres y a mujeres, más especialmente durante la época más crítica del inicio de la pandemia, ya que muchos padres y madres trabajaban desde sus domicilios con sus hijos e hijas en ellos.

De nuevo es un problema que afecta mucho más a las mujeres puesto que en ellas recae siempre la responsabilidad de los cuidados, por dos motivos fundamentales:

- La idea estereotipada de que las mujeres deben ser las que están a cargo de las personas con dependencia.
- En caso de tener que renunciar a sus labores profesionales una de las personas de la pareja, lo deben hacer siempre ellas porque al "obtener menos ingresos, pierden menos".

Es solo un ejemplo más del entramado patriarcal. Es un sistema que hace que todas las piezas encajen perfectamente para formar un puzle que nunca va a ser favorecedor para las mujeres.

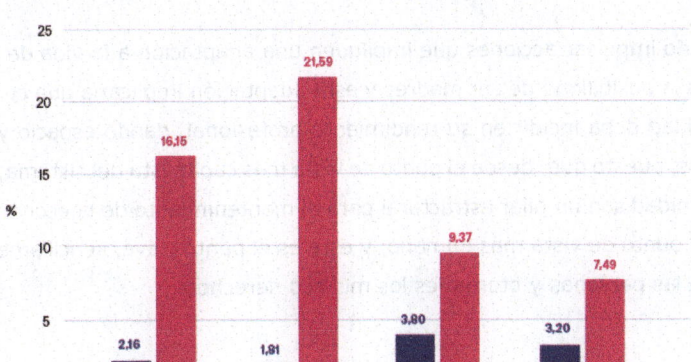

Al incorporarse a su trabajo tras el período de baja, ¿adoptó alguna de las siguientes medidas? (%).

Nota: padres y madres asalariados en el momento del nacimiento o adopción del hijo/a.
Comunidad de Madrid, 2016.

Fig. 22. Gráfico madres y padres asalariados en el nacimiento de sus hijos

En el gráfico se ven representadas las medidas tomadas por padres y madres a partir del momento de tener hijos. Resulta evidente que son ellas quienes siempre deciden reducir su tiempo de trabajo para hacerse cargo de los hijos/as.

Al igual que ocurre con la brecha salarial o el techo de cristal nos encontramos con una situación cíclica. No existe posibilidad alguna de impulsar el cambio si no se hace desde todos los ámbitos.

Las "medias jornadas" siempre son para ellas porque sale menos rentable para las empresas contratar a personas que prioricen su vida personal (decidir formar una familia) frente a la profesional.

Es necesario impulsar acciones que impliquen una adaptación a la vida de las mujeres, es decir, a la posibilidad de ser madres y esta adaptación implicaría que en ningún caso la maternidad deba incidir en su rendimiento profesional, dando espacio y respetando los tiempos, puesto que, desde el punto de vista más capitalista del sistema, las mujeres y la maternidad son un pilar estructural para el mantenimiento de la economía mundial, y desde el punto de vista más humano, y este es el punto clave, sencillamente hay que respetar a las personas y otorgarles los mismos derechos.

Si a esta desigualdad económica, le añadimos la denominada **violencia económica** que muchas mujeres sufren de manos de sus parejas, padres o incluso hermanos, se genera una espiral de la que es difícil salir. En ocasiones este es el motivo por el cual muchas mujeres que sufre violencia de género no dejan su entorno de violencia.

3.3. Comunicación verbal no sexista

En el entorno empresarial contemporáneo, la importancia de la comunicación y el lenguaje inclusivo ha ganado un reconocimiento significativo. Esto se debe a su papel fundamental en la creación de un ambiente de trabajo respetuoso y acogedor para todos los empleados, así como en la presentación de la imagen de la empresa al mundo exterior. Los aspectos clave de este enfoque incluyen el uso de un lenguaje inclusivo en la comunicación interna y externa y la eliminación de estereotipos de género en la comunicación empresarial.

 **Saber más**

El Corte Inglés ha integrado el uso de lenguaje inclusivo en su comunicación a través de la "Guía para un lenguaje inclusivo no sexista". Esta guía ofrece orientación sobre cómo evitar el uso excesivo del género masculino genérico, y proporciona soluciones para una comunicación más inclusiva en áreas como tratamientos, profesiones, imágenes y comunicación web. El propósito es que el lenguaje y las imágenes en sus comunicaciones reflejen la cultura inclusiva de la empresa, por lo que están revisando sus materiales de *marketing* y políticas para alinearlos con estos principios.

El lenguaje inclusivo busca abarcar a todas las personas, evitando asumir o imponer roles o características basadas en el género, la edad, la orientación sexual, la etnia u otros factores.

Fig. 23. El lenguaje inclusivo refuerza la imagen de la empresa como un lugar que valora la inclusión y la igualdad, lo que puede atraer y retener talento diverso

En el contexto de la comunicación empresarial, esto implica:

- **Revisión de materiales de comunicación**: La revisión de materiales de comunicación abarca todos los aspectos de la comunicación empresarial, desde políticas y manuales internos hasta correos electrónicos y documentos externos. Es esencial asegurarse de que el lenguaje utilizado sea inclusivo y no excluya a ningún grupo de personas.

Al redactar una política de recursos humanos sobre licencia parental, se evitaría utilizar términos como "madres" y "padres" de manera exclusiva, optando por "personas cuidadoras" o "progenitores" para reflejar la diversidad de la fuerza laboral.

- **Formación y sensibilización**: Proporcionar formación a los empleados sobre la importancia y el uso del lenguaje inclusivo. Esto puede incluir talleres, seminarios en línea y recursos educativos.

Un ejemplo ilustrativo puede ser el de una empresa organiza un seminario en línea en el que se destaca la relevancia del lenguaje inclusivo y se proporcionan ejemplos concretos de cómo adaptar la comunicación para ser más inclusiva. Los empleados también tienen acceso a recursos educativos que refuerzan estos conceptos.

- **Uso de pronombres y formas no binarias**: Fomentar el uso de pronombres de género neutro es esencial para respetar la identidad de género de cada individuo. Esto significa utilizar pronombres como "ellos/ellas" o "elle" en lugar de limitarse a "él" o "ella". Además, la comunicación debe ser flexible y acoger términos no binarios, como "persona" en lugar de "hombre" o "mujer".

Por ejemplo, al redactar una carta de bienvenida para nuevos empleados, se incluiría una sección donde se les pregunta cuáles son sus pronombres preferidos y se les asegura que su identidad de género será respetada en toda la comunicación de la empresa.

Eliminar los estereotipos de género en la comunicación empresarial es importante para promover un entorno de igualdad y respeto.

Esto se puede lograr mediante:

- **Análisis crítico del contenido**: Revisar el contenido de la comunicación, como publicidad, material de *marketing* y comunicados de prensa, para asegurarse de que no perpetúen estereotipos de género. Esto incluye evitar la representación de roles de género tradicionales y la inclusión de una amplia gama de identidades y experiencias.

Fig. 24. La implementación efectiva de comunicación y lenguaje inclusivo en una empresa refleja positivamente la marca y los valores de la empresa en el mercado global

- **Diversidad en la representación visual y narrativa**: En las campañas publicitarias y materiales de *marketing*, presentar una diversidad de géneros, etnias y edades de manera equitativa y respetuosa.

- **Capacitación en sensibilidad de género**: Ofrecer capacitación específica para aquellos que trabajan en *marketing* y comunicaciones, enfocándose en cómo evitar el refuerzo de estereotipos de género.

3.4. Concienciación y erradicación de la violencia de género

La violencia machista es la mayor lacra social que hoy en día existe. Es la manifestación más violenta y peligrosa de la desigualdad de género y la primera causa de muerte en mujeres jóvenes en España.

Desde que comenzó a realizarse un registro se han producido 1.149 asesinatos de mujeres según datos del Ministerio de Igualdad, aunque existen otros organismos no oficiales que denuncian que la cifra de asesinatos es mucho mayor, ya que contemplan algunos **feminicidios** que el ministerio no contempla.

Vocabulario

La palabra "feminicidio" fue recientemente acuñada por la exdiputada y activista feminista Mexicana Marcela Lagarde y hace referencia a los asesinatos de mujeres, cuya causa es exclusivamente el hecho de ser mujeres.

Tristemente, después de unos años en los que se han desplegados medios del todo insuficientes para la erradicación de las violencia machista, nos encontramos en un momento en el que no solo nos faltan medidas eficaces, sino que además, han surgido teorías desde los partidos de extrema derecha que cuestionan dicha violencia y que al negarla consideran que las medidas de acción en contra de las misma son innecesarias y por tanto proponen eliminarlas, a pesar de lo escalofriante de las cifras de asesinatos.

Desde el año 2004 contamos con una ley que establece medidas en contra de la violencia machista, pero también tenemos un registro de feminicidios desde poco tiempo antes, que indica que la situación es realmente grave.

La opinión generalizada es que la erradicación de la violencia de género debe residir en la educación, y la ley educativa vigente ampara medidas educativas en contra de este tipo de violencia. Sin embargo, la violencia machista debe tratarse como parte de un todo. De nada sirve crear campañas escolares en contra de la violencia contra las mujeres si la sociedad las sigue posicionando en un escalafón inferior en todos los aspectos de las misma.

La violencia machista no se erradicará convenciendo al alumnado de que no hay que maltratar a las mujeres, sino consiguiendo que los alumnos y las alumnas se perciban como iguales. Además, deben ser consciente de que hay mecanismos para luchar contra la violencia de género.

 **Importante**

Es importante aprender a detectar situaciones de violencia psicológica en el entorno antes de que desemboque en violencia física.

Un ejemplo de violencia psicológica aceptada o asimilada por la juventud es la frase *"no te pongas ese vestido que vas provocando"*.

Módulo 1. Sensibilización en igualdad de género

Resumen

La igualdad de género es un derecho humano fundamental y un pilar de las sociedades democráticas modernas. No solo consiste en tener las mismas leyes, sino en eliminar barreras culturales, sociales, económicas y simbólicas que todavía hoy producen desigualdad entre mujeres y hombres.

A lo largo de la historia se han dado pasos importantes: desde los primeros movimientos feministas del siglo XIX, pasando por los avances de la Segunda República, el retroceso durante la dictadura franquista y el impulso definitivo tras la Constitución de 1978. Ya en el siglo XXI, las leyes españolas han reforzado de forma clara el marco de igualdad: desde la Ley Integral contra la Violencia de Género (2004) hasta la Ley de Igualdad (2007) y otras normas específicas relacionadas con derechos laborales, salud sexual y no discriminación.

Sin embargo, a pesar de los progresos, la igualdad real todavía no está totalmente alcanzada. Persisten problemas como: estereotipos de género, brecha salarial, desigual reparto de tareas de cuidados, dificultades de conciliación, techo de cristal, violencia de género y acoso, etc.

Por eso, la igualdad de género requiere una acción constante, combinando educación, legislación, políticas públicas, compromiso institucional y responsabilidad social. La igualdad no solo beneficia a las mujeres: beneficia a toda la sociedad, porque permite aprovechar el talento y las capacidades de todas las personas sin discriminación.

Para lograr la igualdad real no basta con leyes: es necesario aplicar medidas concretas que corrijan desigualdades existentes y garanticen las mismas oportunidades. Entre estas medidas destacan las acciones positivas, utilizadas cuando determinados colectivos (como las mujeres en determinados empleos o niveles profesionales) se encuentran infrarrepresentados. Estas acciones pueden aplicarse tanto para mejorar el acceso como para equilibrar los resultados, y se basan en datos objetivos que demuestran que persisten diferencias reales.

Al mismo tiempo, es fundamental integrar la perspectiva de género de manera transversal en políticas y decisiones públicas y privadas. Este enfoque, conocido como mainstreaming de género, busca que la igualdad esté presente en todas las áreas de intervención: educación, salud, empleo, comunicación, investigación, medio ambiente, etc. Es una estrategia de transformación social que no se limita a acciones puntuales, sino que pretende cambiar la estructura y la forma de trabajar de las instituciones.

Además, las empresas tienen un papel clave. Los planes de igualdad permiten detectar desigualdades internas y aplicar medidas para corregirlas de forma organizada, planificada y evaluable. Actualmente son obligatorios en empresas a partir de 50 personas trabajadoras, y se desarrollan en fases que incluyen diagnóstico, diseño, implantación y evaluación.

En conjunto, estas herramientas contribuyen a construir entornos más justos, equitativos y respetuosos, favoreciendo una sociedad donde mujeres y hombres dispongan de las mismas oportunidades reales para desarrollarse en igualdad.

Para lograr una verdadera igualdad, no solo hay que aplicar medidas y planes, sino también trabajar la sensibilización y la toma de conciencia. La educación y la formación en igualdad, tanto del personal como de líderes y directivos, son esenciales para identificar prejuicios, desmontar estereotipos y construir entornos laborales y sociales más justos. Las actividades formativas, talleres, campañas, simulaciones o proyectos específicos ayudan a reflexionar sobre la realidad de género y contribuyen a modificar actitudes y comportamientos.

La igualdad de género también está vinculada a la independencia económica: sin igualdad salarial, sin igualdad de acceso a puestos de responsabilidad y sin ruptura del techo de cristal no existe igualdad real. La brecha salarial se mantiene porque el sistema continúa asociando a las mujeres con el rol de cuidadoras y la conciliación sigue recayendo mayoritariamente sobre ellas, lo que limita su desarrollo profesional. Para cambiar esta situación, es necesario impulsar políticas que garanticen el equilibrio entre vida personal, laboral y familiar, y que permitan que la maternidad no suponga una penalización.

Otro elemento fundamental es el uso de una comunicación inclusiva. El lenguaje tiene impacto, crea cultura y puede reproducir o transformar estereotipos. Por ello, el lenguaje inclusivo y el análisis crítico de los mensajes, imágenes, materiales corporativos o de marketing se vuelven herramientas clave para transmitir igualdad y respeto desde las organizaciones y empresas.

Finalmente, la erradicación de la violencia de género es un objetivo imprescindible. Las leyes existen, pero no son suficientes si no se transforma la base cultural que sostiene la desigualdad. La educación en igualdad, el reconocimiento de la violencia estructural y la detección temprana de conductas de control o violencia psicológica son elementos decisivos para que la sociedad avance hacia una convivencia basada en el respeto, la libertad y la igualdad real entre mujeres y hombres.

Glosario

Acciones positivas

Son todas aquellas acciones que ponen en situación ventajosa a colectivos oprimidos con el fin de posicionarles en un punto de partida similar al del resto de colectivos no oprimidos.

Brecha de género

Porcentaje de diferencia salarial que existe entre la remuneración de hombre y de una mujer por un puesto de trabajo iguales características.

Conciliación de la vida familiar y profesional

La idea de poder dedicar un tiempo equilibrado a la vida profesional y la vida personal sin que la implicación en una suponga una menos involucración en la otra y viceversa.

Distintivo empresarial de igualdad

Reconocimiento otorgado a empresas que demuestran un alto nivel de compromiso y cumplimiento con las prácticas de igualdad de género.

Estereotipos

Son ideas preconcebidas y asumidas acerca de algo o alguien, que hace que el concepto del mismo se estigmatice y por tanto se entienda que no puede concebirse de otra manera.

Igualdad de género

Concepto que se refiere a la igualdad de derechos, responsabilidades y oportunidades para mujeres y hombres.

Lenguaje inclusivo

Uso de un lenguaje que evita sesgos, estereotipos de género y promueve la inclusión en todas las formas de comunicación empresarial.

Ley de igualdad

Legislación específica que promueve la igualdad de género y establece medidas para prevenir y sancionar la discriminación de género.

Mainstreaming de género

Se trata de hacer que las políticas llevadas a cabo desde las instituciones tengan un carácter transversal y se apliquen desde todos los ámbitos.

Plan de igualdad empresarial

Conjunto de medidas adoptadas por una empresa para garantizar la igualdad de género y prevenir la discriminación en el ámbito laboral.

Políticas de género

Todas aquellas iniciativas llevadas a cabo desde los gobiernos para conseguir alcanzar la igualdad entre hombres y mujeres.

Segregación ocupacional

Fenómeno en el cual ciertos trabajos o profesiones son predominados por un género específico, a menudo resultado de normas sociales y prejuicios de género.

Techo de cristal

Se conoce como techo de cristal a la barrera aparentemente invisible con la que se encuentran las mujeres a la hora de promocionar en su vida profesional debido al hecho de ser una mujer.

Violencia de género

Cualquier tipo de violencia ejercida sobre las mujeres solo por el hecho de ser mujeres.

Ejercicios de autoevaluación

1. **¿Qué se hizo durante la Segunda República en España respecto a los derechos de las mujeres?**

   a. Se redujeron sus derechos laborales.

   b. Se promovieron derechos laborales más equitativos para las mujeres.

   c. Se prohibió a las mujeres votar.

2. **¿Cuál es el objetivo de la Ley Orgánica para la Mejora de la Calidad Educativa (LOMCE) en relación con la igualdad de género?**

   a. Promover la igualdad de género en la educación.

   b. Incrementar la financiación educativa.

   c. Reducir el tamaño de las clases.

3. **¿Qué conferencia dio origen a la Plataforma de Acción de Beijing?**

   a. La Conferencia Internacional sobre Población y Desarrollo.

   b. La Cuarta Conferencia Mundial sobre la Mujer.

   c. La Cumbre Mundial sobre Desarrollo Sostenible.

4. **¿Cuál es un aspecto clave del lenguaje inclusivo en la comunicación empresarial?**

   a. Uso de jergas técnicas.

   b. Uso exclusivo de términos financieros.

   c. Evitar asumir roles basados en género.

5. ¿Cuál es la primera etapa en la implementación de un Plan de Igualdad?

    a. Realizar un análisis detallado.

    b. Crear una Comisión de Igualdad.

    c. Compromiso firme de la dirección de la empresa.

6. ¿Cuál es el objetivo de la acción positiva en términos de igualdad de género?

    a. Promover únicamente la educación femenina.

    b. Medidas específicas para corregir desequilibrios históricos en contra de las mujeres.

    c. Aumentar el salario de las mujeres.

7. ¿Qué es el techo de cristal?

    a. La formación para mujeres.

    b. Las barreras invisibles que impiden que las mujeres asciendan.

    c. Que las mujeres puedan estudiar más.

8. ¿Qué se pretende con el mainstreaming de género?

    a. Integrar la perspectiva de género en todas las políticas.

    b. Crear políticas solo para mujeres.

    c. Eliminar todo tipo de políticas.

9. ¿Qué supone el concepto de corresponsabilidad?

    a. Que las mujeres sigan encargándose de la casa.

    b. Que los hombres hagan menos tareas.

    c. Repartir de forma equilibrada responsabilidades domésticas y de cuidados.

10.¿Qué indica la brecha salarial de género?

a. La diferencia en ingresos entre hombres y mujeres.

b. Que las mujeres no trabajen.

c. Que los hombres estudian más.

Aplicaciones prácticas

Aplicación práctica. 1. Estereotipos de género

Módulo 1. Sensibilización en igualdad de género

En este ejercicio vamos a aprender a identificar estereotipos de género para analizar cómo sin ser conscientes, tendemos a obtener impresiones basadas en el ideario social y las ideas estereotipadas, que es lo que nos posiciona en un lugar u otro en la sociedad.

El ejercicio consistirá en analizar a la persona sobre la que se habla en el texto a continuación:

Sonia es una mujer de 36 años, vive sola en un piso en Madrid. Ha tenido muchas parejas a lo largo de su vida, pero nunca por más de 1 año. Sonia se dedica al cuidado de niños, trabaja en una escuela infantil y además tiene dos gatos. Sonia ha hecho deporte toda la vida, de pequeña jugaba al baloncesto en los recreos, pero lo tuvo que dejar para meterse a clases de baile. Nunca fue muy buena en el deporte. Tiene una gran afición, le gusta la velocidad, por ello tiene una Honda CBR con la que suele ir de ruta por puertos de montaña los fines de semana. Sonia también es una excelente cocinera, pero una pésima conductora cuando de coches se trata. En cuanto a su personalidad, Sonia es una chica bastante insensible, insegura y débil.

Para comenzar habrá que contestar a las siguientes preguntas. Para cada una de ellas habrá que buscar una explicación basada en los estereotipos sociales que hemos ido estudiando, es decir, se tendrá que responder no solo a partir de lo que se pueda deducir sobre su vida, sino también basándose en lo que los estereotipos sociales otorgan a Sonia como mujer en la sociedad.

- ¿Por qué crees que Sonia vive sola? ¿Qué crees que opinarían las personas en general de que una mujer viva sola?
- ¿Por qué piensas que no le duran las parejas?
- ¿Por qué crees que ha elegido ese trabajo?

- ¿Por qué crees que no es buena en el deporte? ¿Crees que si fuera un hombre se le darían mejor los deportes?
- ¿Crees qué podría chocarles a otras personas que sea una amante de las motos? ¿Por qué?
- ¿Por qué piensas que se le da bien cocinar? ¿Crees que las mujeres cocinan mejor que los hombres?
- Sonia es una chica insensible, ¿es esto habitual en las mujeres?
- ¿Por qué crees que Sonia es débil e insegura?

Una vez terminado este ejercicio llega el momento de reflexionar. ¿Cuánto de la idea que me he hecho acerca de la persona que he analizado basándome en estereotipos tiene algo de mi opinión real?

Aplicación práctica 2. Cumplimiento de las normativas de igualdad de género

Módulo 1. Sensibilización en igualdad de género

Una empresa multinacional española del sector tecnológico fue analizada para determinar su cumplimiento con las normativas de igualdad de género. El análisis se centró en varios aspectos clave de las operaciones y políticas de la empresa, tanto en su sede en España como en sus oficinas internacionales.

Los resultados del análisis fueron:

- Se encontró que solo el 20% de los roles de liderazgo y el 15% de los puestos en el departamento de tecnología están ocupados por mujeres.
- La empresa no tiene un plan de igualdad formal, ni ha realizado un diagnóstico interno sobre igualdad de género, tal como lo exige la legislación española.
- Se descubrió una brecha salarial significativa del 25% entre hombres y mujeres en roles similares.
- Los procesos de reclutamiento y promoción carecen de directrices claras para asegurar la igualdad de oportunidades y tratamiento.
- Se encontró que los mecanismos para reportar y manejar casos de acoso y discriminación son insuficientes y no están claramente definidos.

Revisa la legislación y elabora un informe dónde se reflejen los siguientes aspectos:

- Análisis de las leyes nacionales e internacionales relevantes en igualdad de género.
- Identificación de las áreas donde la empresa no está cumpliendo con estas normativas.
- Propuesta de ajustes en las políticas empresariales.

Ejercicio de evaluación final

1. **¿Qué ley en España regula la igualdad efectiva entre mujeres y hombres?**

   a. La Constitución de Cádiz.
   b. La Ley de Educación.
   c. La Ley Orgánica 3/2007.

2. **¿Cuál es el ámbito de la Ley Orgánica 1/2004?**

   a. Violencia de género.
   b. Lenguaje inclusivo.
   c. Educación financiera.

3. **¿Cuál es una medida correctora típica?**

   a. Cupos o cuotas de representación femenina.
   b. Aumentar la jornada laboral.
   c. Eliminar la formación.

4. **¿Qué es el suelo pegajoso?**

   a. Barreras invisibles para altos cargos.
   b. Situaciones que dificultan el ascenso incluso desde niveles bajos.
   c. Falta de formación universitaria.

5. **¿Qué organismo europeo impulsa la igualdad desde 1957?**

   a. La Unión Europea.
   b. La ONU Mujeres.
   c. La Corte Penal Internacional.

6. Las políticas de igualdad en empresas con más de 50 trabajadores deben incluir...

    a. Premios a los hombres.

    b. Planes de igualdad y registro obligatorio.

    c. Quitar derechos laborales.

7. El feminismo busca:

    a. La superioridad de las mujeres.

    b. Eliminar a los hombres.

    c. Lograr la igualdad de género.

8. La conciliación permite:

    a. Equilibrar vida laboral, personal y familiar.

    b. Trabajar sin descanso.

    c. Disminuir el salario femenino.

9. ¿Qué busca la Unión Europea en materia de igualdad?

    a. Limitar el acceso de las mujeres a cargos públicos.

    b. Eliminar los permisos de maternidad.

    c. Combatir desigualdades y violencia de género en todos los ámbitos.

10. ¿Qué ámbito regula la Ley de Igualdad salarial Real Decreto 902/2020?

    a. La igualdad en el ámbito escolar.

    b. La igualdad retributiva y la transparencia salarial.

    c. La corresponsabilidad en el hogar.

11. ¿Qué se entiende por discriminación indirecta?

    a. Insultos directos hacia una mujer.

    b. Medidas aparentemente neutras que perjudican más a las mujeres.

    c. Una campaña de publicidad feminista.

12. ¿Para qué sirven los planes de igualdad?

    a. Para establecer medidas, indicadores y objetivos para lograr igualdad real en la empresa.

    b. Para decorar la web de la empresa.

    c. Para sustituir sindicatos.

13. ¿Qué se pretende con las cuotas de representación en política?

    a. Que los hombres no puedan ser elegidos.

    b. Favorecer solo a partidos feministas.

    c. Asegurar presencia mínima de mujeres en listas electorales.

14. ¿Qué característica tiene el machismo?

    a. Considera que hombres y mujeres tienen igual poder.

    b. Supone una actitud de superioridad del hombre sobre la mujer.

    c. Es un sinónimo exacto de feminismo.

15. ¿Qué supone el uso de lenguaje inclusivo?

    a. Dificultar la comunicación.

    b. Evitar expresiones que invisibilicen o discriminen a las mujeres.

    c. Eliminar palabras del diccionario que resulten machistas.

16. ¿Qué es un estereotipo de género?

a. Idea preconcebida sobre cómo "debe ser" un hombre o una mujer.

b. Una ley aprobada por el Congreso.

c. Una actividad de ocio.

17. ¿Qué objetivo tienen las campañas de sensibilización?

a. Imponer una ideología concreta.

b. Incrementar conciencia y reducir prejuicios y sesgos.

c. Eliminar la participación masculina.

18. ¿Qué indicador mide la desigualdad económica entre hombres y mujeres?

a. La brecha salarial de género.

b. La edad media de los estudiantes.

c. El tamaño de la empresa.

19. ¿Qué significa "igualdad ante la ley" recogida en la Constitución Española de 1978?

a. Todas las personas tienen los mismos derechos sin discriminación por sexo.

b. Las mujeres pueden votar.

c. Los hombres tienen prioridad política.

20. ¿Qué finalidad tiene la auditoría salarial obligatoria en las empresas?

a. Detectar y corregir diferencias salariales injustificadas entre hombres y mujeres.

b. Controlar las horas extras de las mujeres.

c. Fijar sueldos idénticos sin analizar puestos.

Solucionario

Módulo 1. Sensibilización en igualdad de género

1. b

2. a

3. b

4. c

5. c

6. b

7. b

8. a

9. c

10. a

Bibliografía

Legislación

- Anteproyecto de Ley Orgánica para la garantía integral de la libertad sexual. 10/06/2021. Número de expediente: 393/2021 (IGUALDAD). Ley del "solo sí es sí".
- Decreto Legislativo 1/2023, de 16 de marzo, por el que se aprueba el texto refundido de la Ley para la Igualdad de Mujeres y Hombres y Vidas Libres de Violencia Machista contra las Mujeres.
- Instrumento de ratificación del Convenio del Consejo de Europa sobre prevención y lucha contra la violencia contra la mujer y la violencia doméstica, hecho en Estambul el 11 de mayo de 2011.
- Ley Orgánica 1/2004, de 28 de diciembre, de Medidas de Protección Integral contra la Violencia de Género.
- Ley Orgánica 3/2007, de 22 de marzo, para la igualdad efectiva de mujeres y hombres.
- Ley Orgánica 4/2022, de 12 de abril, por la que se modifica la Ley Orgánica 10/1995, de 23 de noviembre, del Código Penal, para penalizar el acoso a las mujeres que acuden a clínicas para la interrupción voluntaria del embarazo.
- Resolución de 29 de diciembre de 2020, de la Secretaría General de Función Pública, por la que se publica el Acuerdo de Consejo de Ministros de 9 de diciembre de 2020, por el que se aprueba el III Plan para la igualdad de género en la Administración General del Estado y en los Organismos Públicos vinculados o dependientes de ella.

Textos electrónicos

Pacto de Estado contra la Violencia de Género. [en línea]. Ministerio de la presidencia, relaciones con las cortes e igualdad. Dirección URL: https://violenciagenero.igualdad.gob.es/pactoEstado/docs/FolletoPEVGcastweb.pdf

Webgrafía

Acciones de la ONU

https://www.unwomen.org/es/what-we-do

Acciones de la UE

https://www.europarl.europa.eu/factsheets/es/sheet/59/la-igualdad-entre-hombres-y-mujeres

Avances en igualdad de género

https://commission.europa.eu/strategy-and-policy/policies/justice-and-fundamental-rights/gender-equality/gender-equality-strategy_es

Cómo conseguir el distintivo oficial de igualdad para tu pyme

https://cincodias.elpais.com/cincodias/2020/11/02/pyme/1604324433_956062.html

Conciliación laboral

https://www.elplural.com/economia/brecha-genero-reduccion-jornada-cuidado-hijos_227221102

Discriminación laboral: causas, tipos y prevención

https://proteccciondatos-lopd.com/empresas/discriminacion-laboral/

Introducción a la igualdad de género: conceptos básicos

https://isdfundacion.org/2020/05/12/introduccion-a-la-igualdad-de-genero-conceptos-basicos/

Mainstreaming de género

https://www.inmujeres.gob.es/areasTematicas/mainstreaming/home.htm

Sobre las acciones positivas

https://www.concilia2.es/acciones-positivas-medidas-necesarias-en-las-empresas/

Sobre el "techo de cristal"

https://elordenmundial.com/mapas-y-graficos/porcentaje-jefes-jefas-empresas/

Sobre la Ley para la igualdad efectiva entre hombres y mujeres

https://noticias.juridicas.com/base_datos/Admin/lo3-2007.html

La igualdad de género en el trabajo requiere acabar con la discriminación y superar los estereotipos

https://unric.org/es/la-igualdad-de-genero-en-el-trabajo-requiere-acabar-con-la-discriminacion-y-superar-los-estereotipos/

La mujer española en los últimos 50 años

https://www.ecos-online.de/spanisch-lesen/la-mujer-espanola-en-los-ultimos-50-anos

Los avances en la igualdad de la mujer en España desde 1975

https://www.nationalgeographic.es/historia/2022/03/los-avances-en-la-igualdad-de-la-mujer-en-espana-desde-1975

Los derechos humanos de las mujeres y la igualdad de género

https://www.ohchr.org/es/women

Normativa Internacional sobre Igualdad

https://institutomujer.castillalamancha.es/normativa/internacional/igualdad

Bibliografía

Plan de igualdad. ¿Qué es y qué debe incluir?

https://fundacionadecco.org/azimut/que-es-un-plan-de-igualdad-en-una-empresa/

Planes de igualdad

https://www.igualdadenlaempresa.es/asesoramiento/pdi/home.htm